Impressum
Verlag: BABADADA GmbH, Nedderfeld 112 , 22529 Hamburg
Geschäftsführer / Verlagsleitung: Harald Hof
Druck: Books on Demand GmbH, In de Tarpen 42, 22848 Norderstedt

Imprint
Publisher: BABADADA GmbH, Nedderfeld 112 , 22529 Hamburg, Germany
Managing Director / Publishing direction: Harald Hof
Print: Books on Demand GmbH, In de Tarpen 42, 22840 Norderstedt

ishuri
學校

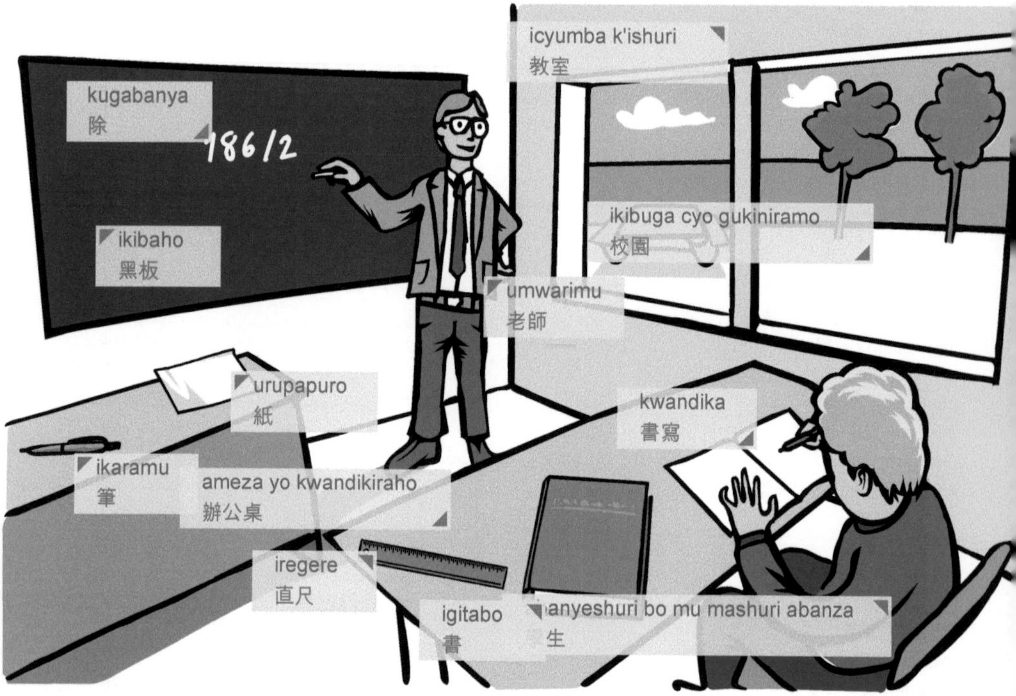

icyumba k'ishuri
教室
kugabanya
除
186/2
ikibaho
黑板
ikibuga cyo gukiniramo
校園
umwarimu
老師
urupapuro
紙
kwandika
書寫
ikaramu
筆
ameza yo kwandikiraho
辦公桌
iregere
直尺
igitabo
書
anyeshuri bo mu mashuri abanza
生

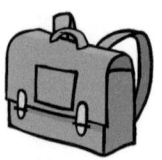

agahago k'ishuri

書包

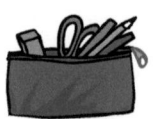

agasanduku k'amakaramu y'igiti

鉛筆盒

ikaramu y'igiti

鉛筆

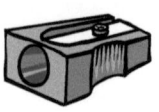

tayekereyo

削鉛筆機

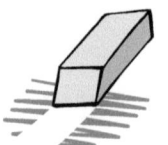

igome

橡皮擦

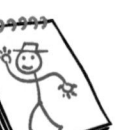

ikayi yo gushushanya

畫板

igishushanyo

圖畫

uburoso bwo gusigisha

畫筆

agasanduku k'amarangi y'amabara

顏料盒

umukasi

剪刀

kore

膠水

ikayi y'imyitozo

練習冊

umukoro w'imuhira

家庭作業

umubare

數字

guteranya

加

gukuramo

減

gukuba

乘

kubara

計算

ibaruwa

字母

inyuguti uko zikurikirana

字母表

ijambo

字

umwandiko

課文

gusoma

讀

ingwa

粉筆

isomo

上課

igitabo cyo kwiyandikishamo

登記

ikizami

考試

impamyabumenyi

證書

umwambaro w'ishuri

校服

uburezi

教育

inkoranyamagambo

百科全書

kaminuza

大學

mikorosikope

顯微鏡

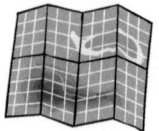

ikarita

地圖

pubere

廢紙簍

urugendo
旅行

hoteli
飯店
Grand
inzu y'amacumbi
青年旅社
ROOMS
ku muvunjayi
外幣兌換處
ivarisi
手提箱
imodoka
汽車

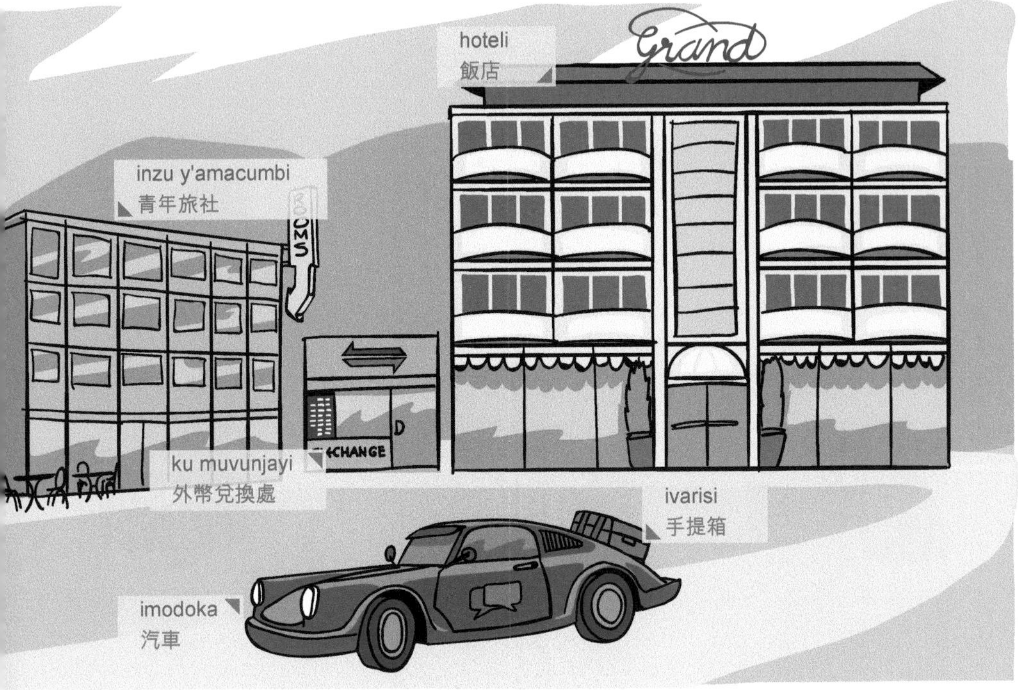

ururimi

語言

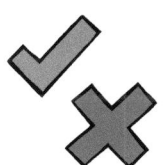

yego / oya

是/否

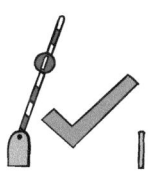

Yego

好的

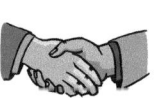

bite

您好

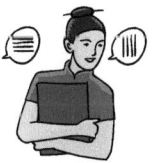

umusemuzi

翻譯人員

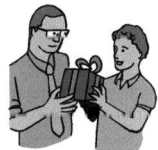

Murakoze

謝謝

ni angahe...?

......多少錢？

Sinsobanukiwe

我不明白

ikibazo

問題

wiriwe!

晚上好！

Waramutse

早上好！

Ijoro ryiza

晚安！

bayi

再見

ikerekezo

方向

imizigo

行李

igikapo

包

igikapo baheka

背包

umushyitsi

客人

icyumba

房間

agafuko baryamamo

睡袋

ihema

帳篷

inakuru y'ahasurwa na ba mukerarugendo

旅行資訊

ku musenyi wo ku mazi

海灘

ikarita ya banki

信用卡

ifunguro ryo gusamura

早餐

ifunguro rya ku manywa

午餐

ifunguro rya nimugoroba

晚餐

itike

票

asanseri

電梯

itembure

郵票

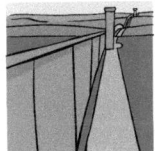

umupaka

邊界

gasutamo

海關

ambasade

大使館

viza

簽證

pasiporo

護照

gutwara abantu n'ibintu
交通運送

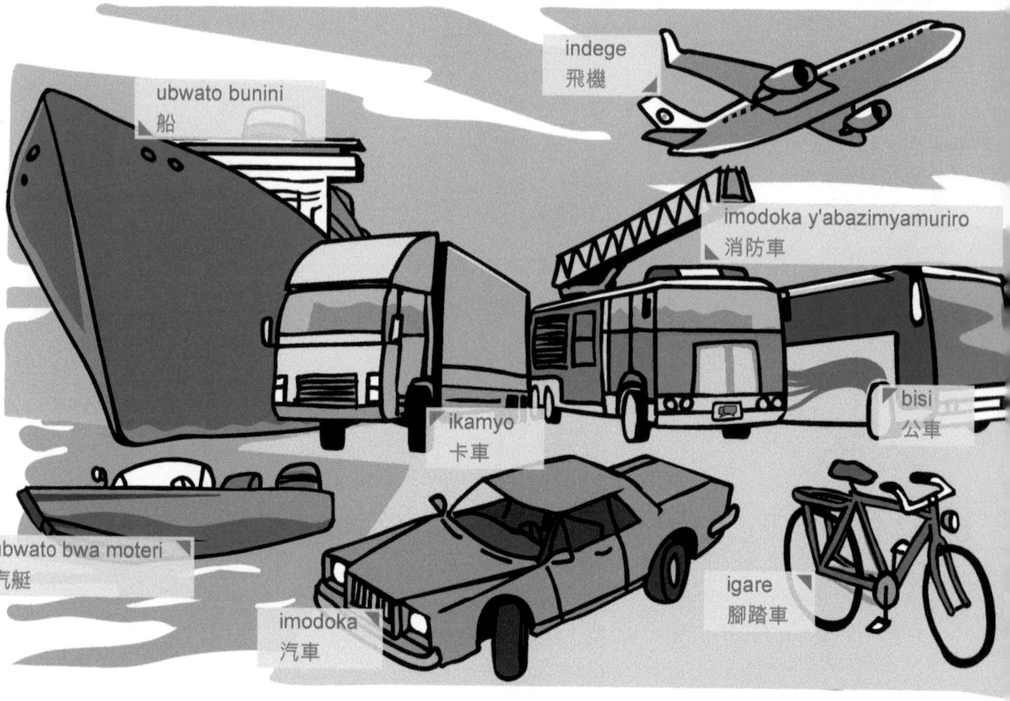

indege
飛機
ubwato bunini
船
imodoka y'abazimyamuriro
消防車
bisi
公車
ikamyo
卡車
ubwato bwa moteri
汽艇
igare
腳踏車
imodoka
汽車

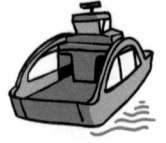

ubwato bwambutsa imizigo n'abantu
渡輪

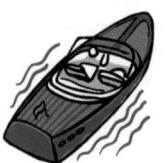

ubwato
小船

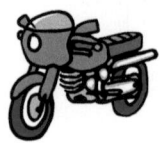

ipikipiki
機車

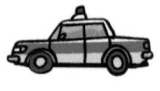

imodoka ya polisi
警車

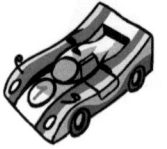

imodoka ya kuruse
賽車

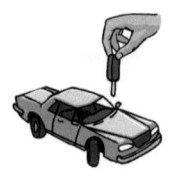

imodoka ikodeshwa
租車

gusangira imodoka

拼車

imodoka iterura izindi

拖車

imodoka iyora imyanda

垃圾車

moteri

馬達

lisansi

汽油

sitasiyo ya lisansi

加油站

cyapa kiyobora imodoka

交通標識

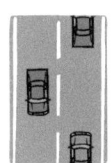

urujya n'uruza rw'imodoka

交通

ambuteyaje

交通堵塞

parikingi y'imodoka

停車場

gare ya gariyamoshi

火車站

inzira ya gariyamoshi

軌道

gariyamoshi

火車

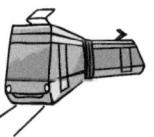

bisi ikoresha
amashanyarazi

路面電車

agatete k'imizigo gakururwa
n'imodoka

客車廂

kajugujugu

直升機

ikibuga k'indege

機場

umunara

塔

umugenzi

乘客

konteneri

集裝箱

ikarito

紙板箱

akagorofani ko mu iduka

手推車

agaseke

籃子

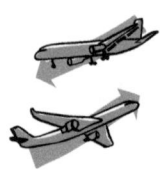

kuguruka / kururuka

起飛/降落

umugi

城市

umudugudu

村莊

mu mujyi rwagati

市中心

inzu

房子

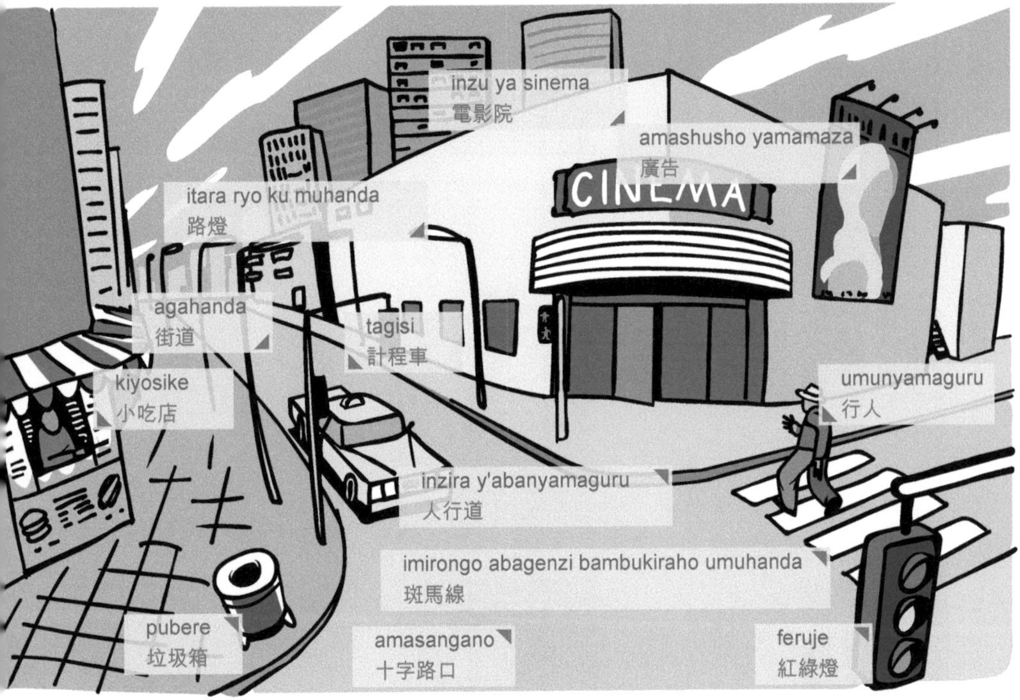

inzu ya sinema
電影院
amashusho yamamaza
廣告
CINEMA
itara ryo ku muhanda
路燈
agahanda
街道
tagisi
計程車
kiyosike
小吃店
umunyamaguru
行人
inzira y'abanyamaguru
人行道
imirongo abagenzi bambukiraho umuhanda
斑馬線
pubere
垃圾箱
amasangano
十字路口
feruje
紅綠燈

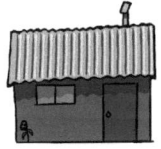

akaruri

小屋

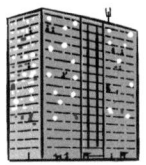

inzu ifatanye n'izindi

公寓

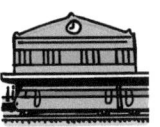

gare ya gariyamoshi

火車站

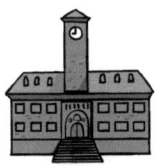

ibiro bya meya

市政廳

MUSEUM

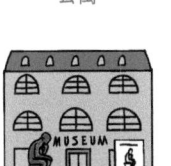

inzu ndangamurage

博物館

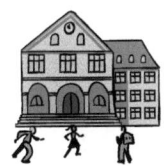

ishuri

學校

kaminuza

大學

banki

銀行

ibitaro

醫院

hoteli

飯店

farumasi

藥房

ibiro

辦公室

inzu bagurishirizamo ibitabo

書店

iduka

商店

umucuruzi w'indabo

花店

amangazini manini

超市

isoko

市場

idepo

百貨商店

umucuruzi w'amafi

魚店

iduka rinini

購物中心

icyambu

海港

parike

公園

intebe y'urubaho

長凳

iteme

橋

amadarajya

樓梯

inzira yo munsi y'ubutaka

捷運

umuhanda wo munsi y'ubutaka

隧道

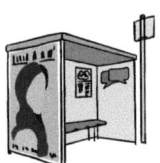

icyapa cya bisi

公車站

bare

酒吧

resitora

餐館

gasanduku k'amabaruwa

郵筒

icyapa cyo ku muhanda

路標

mubazi ya parikingi

停車計時器

zoo

動物園

pisine

游泳池

umusigiti

清真寺

ifamu

農場

kwangiza umwuka

污染

irimbi

墓地

ikiriziya

教堂

ikibuga k'imikino

操場

urusengero

寺廟

umurambi

地形

ikibabi
樹葉

icyapa kiyobora
指示牌

inzira
路

umukenke
草地

ibuye
石頭

umuntu utembera mu misozi
徒步旅行者

igiti
樹

umugezi
河

ibyatsi
草

indabo
花

ikibaya

峽谷

agasozi

丘陵

ikiyaga

湖

ishyamba

森林

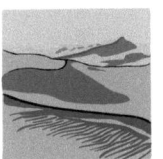

ubutayu

沙漠

ikirunga

火山

ingoro

城堡

umukororombya

彩虹

icyobo

蘑菇

ikigazi

棕櫚樹

umubu

蚊子

isazi

蒼蠅

intozi

螞蟻

uruyuki

蜜蜂

igitaganguriwa

蜘蛛

ikivumvuri

甲蟲

igikeri

青蛙

inkima

松鼠

imbuni

刺蝟

urukwavu

野兔

igihunyira

貓頭鷹

inyoni

鳥

igishuhe

天鵝

isatura

野豬

ingeragere

鹿

impongo

麋鹿

urugomero

水壩

igipanga kikaraga kikazana
umuyaga

風力發電機

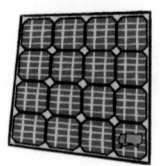

urubaho rukurura imirasire

太陽能電池板

ikirere

氣候

umuseriveri
服務生

ibiryo byateguwe
菜譜

intebe
椅子

isupu
湯

piza
披薩餅

ibikoresho byo kumeza
餐具

igitambaro cyo gutegura ku meza
桌布

aperitifu

前菜

isahani nkuru

主菜

deseri

甜點

ibinyobwa

飲料

ibiribwa

食物

icupa

瓶子

ibiryo barya bagenda

速食

ibiryo byo kumuhanda

街邊小吃

ibirika y'icyayi

茶壺

agakombe k'isukari

糖盒

isahani y'ibiryo

一份飯菜

imashini y'ikawa ya esipereso

義式咖啡機

intebe ndende

高腳椅

inyemezabuguzi

帳單

ipurato

托盤

icyuma

刀

ikanya

餐叉

ikiyiko

勺子

akayiko k'icyayi

茶匙

seriviyete

餐巾

ikirahure cyo kunywesha

玻璃杯

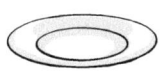

isahani

碟子

isahani y'isupu

湯盤

agasutasi

碟子

isosi

醬

agacupa k'umunyu

鹽瓶

agasekuru k'urusenda

胡椒研磨罐

vinegere

醋

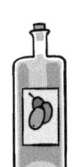

amavuta

食用油

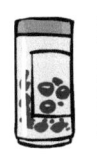

ibirunge

調味料

kecapu

番茄醬

mutaride

芥末

mayonezi

美乃滋

amangazini manini

超市

igiciro kidasanzwe
特價
FOR
umukiriya
顧客
ibiva mu mata
乳製品
imbuto
水果
akagorofani ko mu iduka
購物車

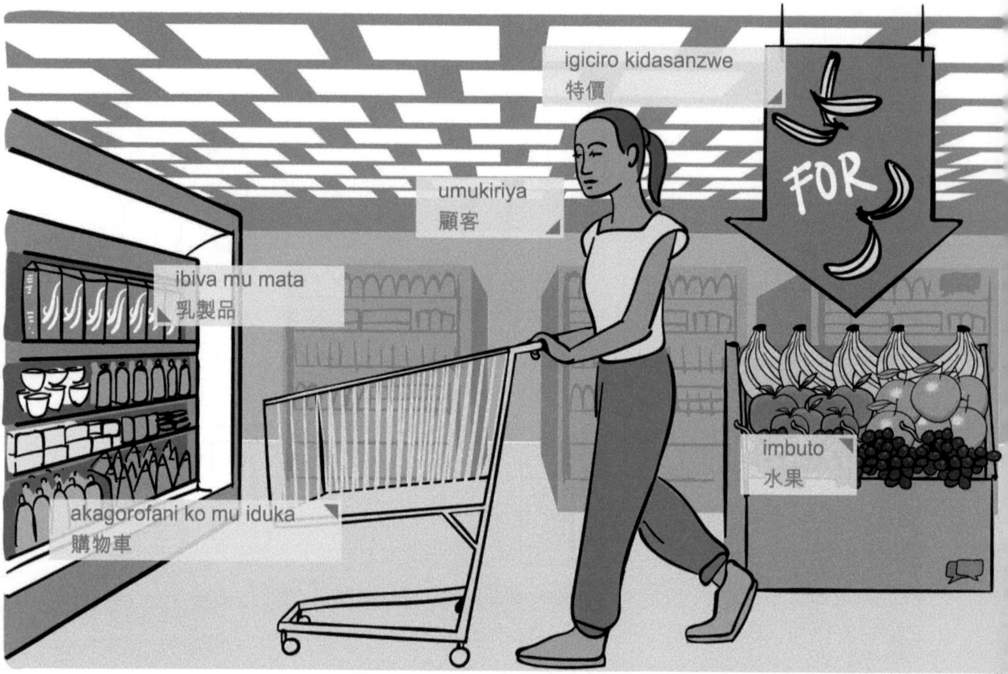

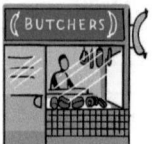

BUTCHERS

busheri

肉鋪

BAKERY

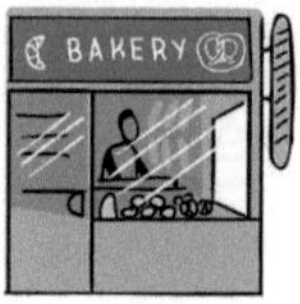

buranjeri

麵包店

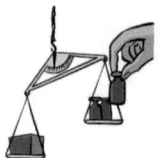

gupima ibiro

稱重

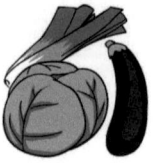

imboga

蔬菜

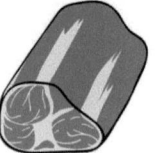

inyama

肉

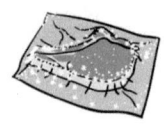

ibiryo bakonjesheje

冷凍食品

inyama zikonje

冷盤

ibiryo byo mu makopo

罐頭食品

isabune y'ifu

洗衣粉

bombo

甜食

ibikoresho byo mu rugo

日用品

imiti isukura

清潔用品

umucuruzikazi

銷售員

kukesa

收銀機

umubitsi

收銀員

urutonde rwo guhaha

購物清單

amasaha haba hafunguye

開放時間

ipotomoni

錢包

ikarita ya banki

信用卡

umufuka

袋子

imifuko ya pulasitike

塑膠袋

amazi

水

umutobe

果汁

amata

牛奶

koka

可樂

divayi

紅酒

byeri

啤酒

inzoga

酒

shokora ishyushye

可可

icyayi

茶

ikawa

咖啡

ikawa ya esipereso

義式濃縮咖啡

kapucino

卡布奇諾

umuneke

香蕉

pome

蘋果

icunga

柳丁

wotameloni

西瓜

indimu

檸檬

karoti

胡蘿蔔

tungurusumu

大蒜

umugano

竹子

urutunguru

洋蔥

icyoba

蘑菇

ubunyobwa

堅果

amakaroni

麵條

spageti

義大利麵

umuceri

米飯

salade

沙拉

udufiriti

薯條

ibirayi by'ifiriti

炸馬鈴薯

piza

披薩餅

hamburugeri

漢堡

sanduwici

三明治

escalope

炸豬排

jambo

火腿

salami

義大利臘腸

sosiso

香腸

inkoko

雞肉

kotsa

烤肉

ifi

魚

igikoma cy'uburo

燕麥片

pisitashi

木斯里

impeke

玉米片

ifu

麵粉

kuruwasa

牛角麵包

amandazi

麵包捲

umugati

麵包

umugati wumishijwe

吐司

ibisuguti

餅乾

amavuta

奶油

forumaje year

凝乳

keke

蛋糕

igi

蛋

umureti

煎蛋

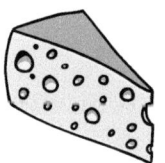

forumaje

起司

ayisikirimu

冰淇淋

isukari

糖

ubuki

蜂蜜

konfitire

果醬

shokora

巧克力醬

kiri

咖哩

ifamu
農場

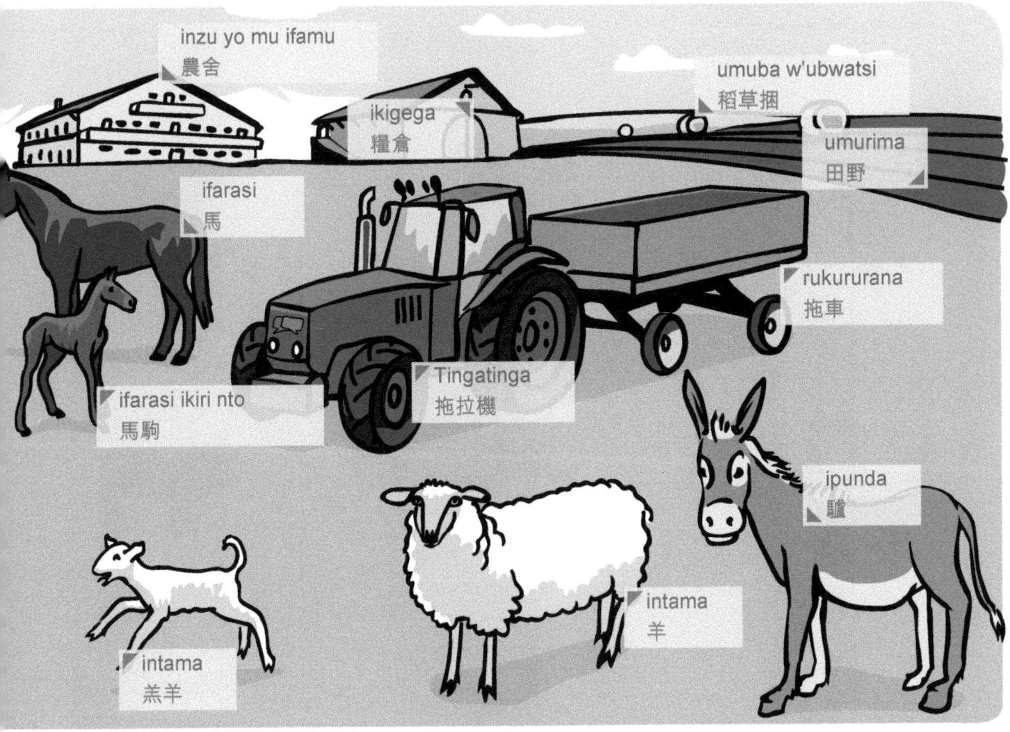

inzu yo mu ifamu
農舍
umuba w'ubwatsi
稻草捆
ikigega
糧倉
umurima
田野
ifarasi
馬
rukururana
拖車
Tingatinga
拖拉機
ifarasi ikiri nto
馬駒
ipunda
驢
intama
羊
intama
羔羊

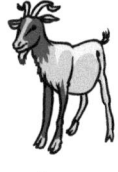

ihene

山羊

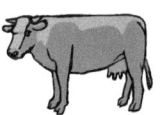

inka

奶牛

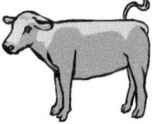

umutavu

小牛

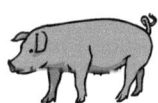

ingurube

豬

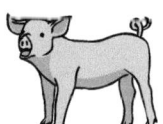

ikibwana k'ingurube

小豬

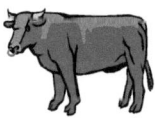

ikimasa

公牛

igishuhe

鵝

imbata

鴨

umushwi

小雞

inkokokazi

母雞

isake

公雞

imbeba

鼠

injangwe

貓

imbeba

老鼠

ikimasa

牛

imbwa

狗

ikiruka

狗屋

itiyo ijyana mu karima

花園澆水軟管

arozuwari

澆水壺

najuru

長柄大鐮刀

imashini ihinga

犁

najuru

鐮刀

isuka

鋤頭

rato

長柄草耙

ishoka

斧頭

ingorofani

獨輪手推車

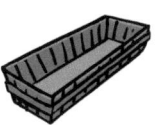

ikibumbiro

飼料槽

inkongoro

牛奶罐

igunira

麻布袋

urugo

柵欄

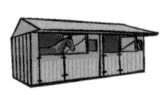

ikiraro

馬廄

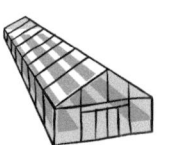

inzu ihingwamo

溫室

ubutaka

土壤

imbuto zo gutera

種子

ifumbire

肥料

imashini isarura

聯合收割機

ifamu - 農場

gusarura

收割

umusaruro

收割

ibikoro

地瓜

ingano

小麥

soya

大豆

ikirayi

土豆

ikigori

玉米

umwayi weze

油菜籽

igiti k'imbuto

果樹

umwumbati

樹薯

impeke

穀物

inzu
房子

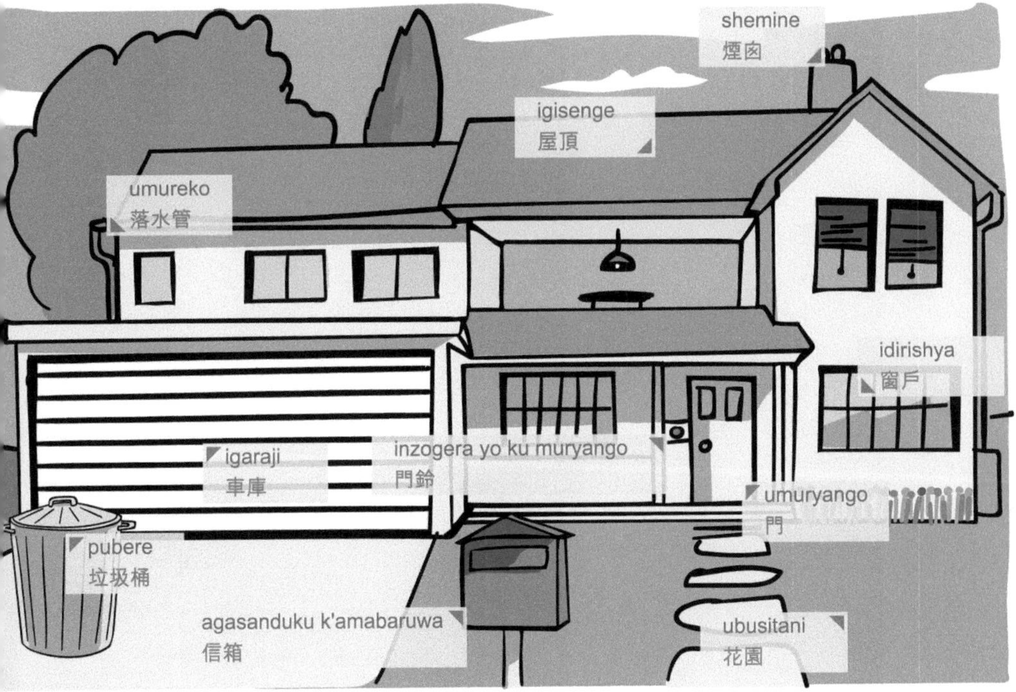
shemine
煙囪
igisenge
屋頂
umureko
落水管
idirishya
窗戶
igaraji
車庫
inzogera yo ku muryango
門鈴
umuryango
門
pubere
垃圾桶
agasanduku k'amabaruwa
信箱
ubusitani
花園

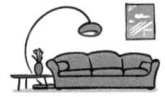

icyumba cy'uruganiriro

客廳

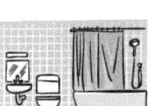

ubwogero

浴室

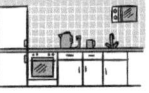

igikoni

廚房

icyumba cyo kuraramo

臥室

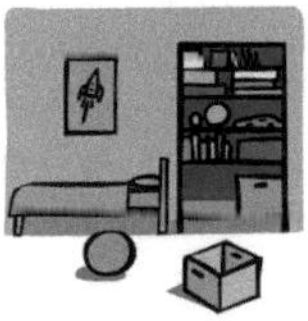

icyumba cy'abana

兒童房

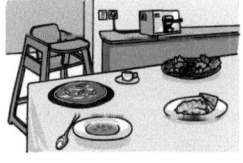

uburiro

餐廳

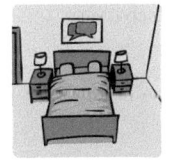

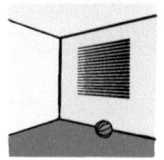

hasi

地板

urukuta

牆壁

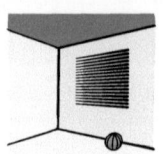

purafo

天花板

kave

地窖

sawuna

三溫暖

urubaraza

陽臺

ku rubaraza

露臺

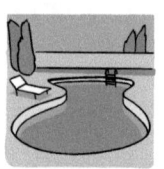

pisine

游泳池

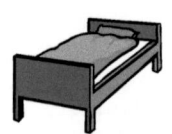

imashini ikupakupa

割草機

umwenda utwikira

被單

kuvureri

床罩

igitanda

床

umweyo

掃帚

indobo

水桶

enteributeri

開關

icyumba cy'uruganiriro

客廳

urupapuro rwomekwa ku rukuta
壁紙
ifoto
相片
itara
檯燈
etajere
擱架
akabati
櫥櫃
televiziyo
電視
shemine
壁爐
indabo
花
umusego
墊子
ifoteyi nini
沙發
icyungo k'indabo
花瓶
terekomande
遙控器

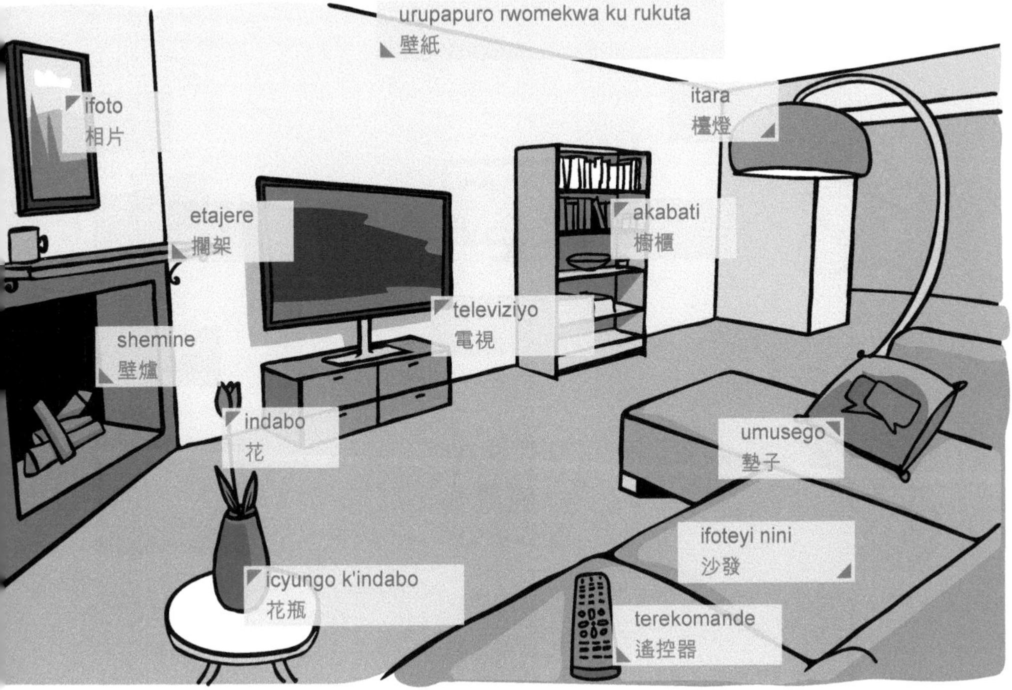

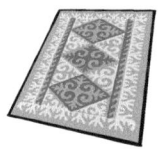

itapi

地毯

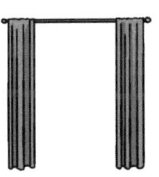

rido

窗簾

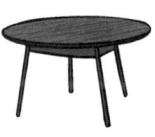

ameza

餐桌

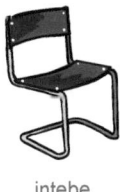

intebe

椅子

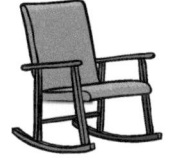

intebe yizengurutsa

搖椅

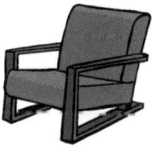

ifoteyi

扶手椅

igitabo
書

uburingiti
毯子

umutako
裝飾品

inkwi
木柴

filimi
電影

ibikoresho bya hifi
高傳真音響

urufunguzo
鑰匙

ikinyamakuru
報紙

ishusho
油畫

icyapa
海報

iradiyo
收音機

ikarine
筆記本

umweyo wa kizungu
ukoresha umwka
吸塵器

ikimungu
仙人掌

buji
蠟燭

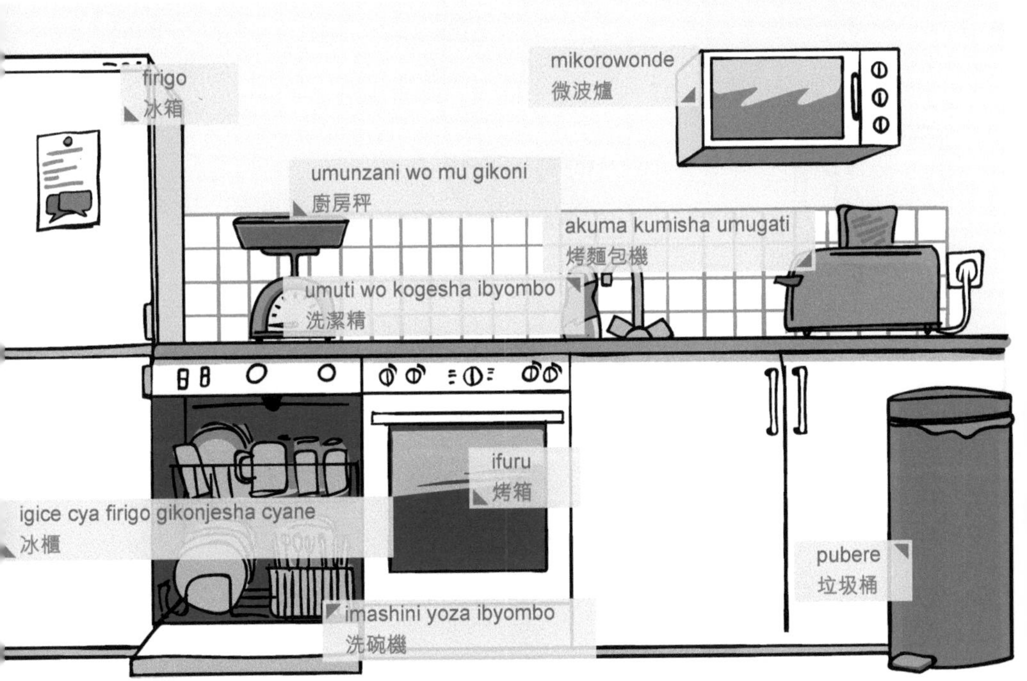

mikorowonde
微波爐

firigo
冰箱

umunzani wo mu gikoni
廚房秤

akuma kumisha umugati
烤麵包機

umuti wo kogesha ibyombo
洗潔精

ifuru
烤箱

igice cya firigo gikonjesha cyane
冰櫃

pubere
垃圾桶

imashini yoza ibyombo
洗碗機

iziko

炊具

icyungo

鍋

inkono y'icyuma

鑄鐵鍋

Ipanu ifukuye cyane

炒鍋

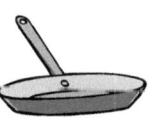

ipanu

平底鍋

ibirika

水壺

isafuriya ya peresiyo

蒸鍋

isahani yo mu ifuru

烤盤

ibyombo

陶瓷鍋

igikombe

馬克杯

isorori

碗

uduti abashinwa barisha

筷子

ikiyiko kigabura

長柄勺

lkiyiko cyarura ifiriti

鏟子

umutozo

攪拌器

paswari

濾網

akayunguruzo

篩子

agaharuzo ka karoti

磨碎機

isekuru

研缽

icyokezo

燒烤

shomine

明火

akabaho ko gukatiraho
imboga

菜板

umwuko

擀麵杖

urufunguzo rwa divayi

開瓶器

agakopo

罐子

urufunguzo rw'amakopo

開罐器

umukondo w'icyungo

隔熱手套

ravabo

水槽

uburoso

刷子

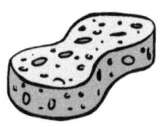

iponji

海綿

mixer

攪拌機

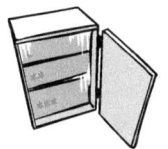

firigo itambitse

冷藏箱

bibero

奶瓶

robine

水龍頭

ubwogero

浴室

robine imishagira amazi ku mubiri mu bwogero
淋浴
umushyushya
供暖裝置
isume
毛巾
rido y'ubwogero
浴簾
isabune y'ifuro yo koga
泡沫浴
umuvure w'ubwogero
浴缸
ikirahure cyo kunywesha
玻璃杯
imashini imesa
洗衣機
robine
水龍頭
amakaro
瓷磚
igikono bitumamo
便壺
ravabo
水槽

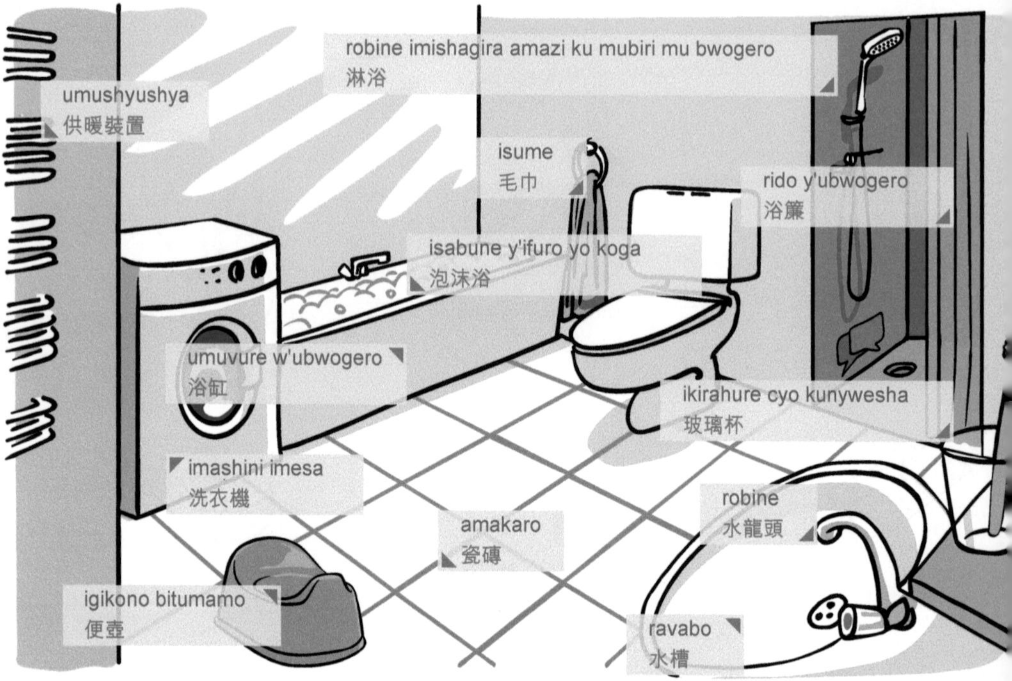

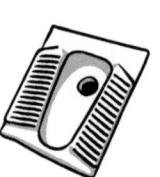

ubwiherero

廁所

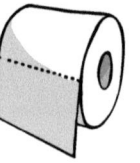

umusarani wo gusutama

蹲便器

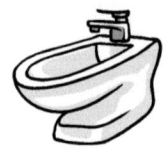

igikono cy'ubwiherero bwo mu nzu

坐浴器

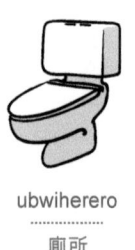

aho bihagarika

小便斗

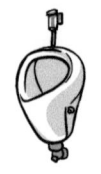

papiyejenike

廁紙

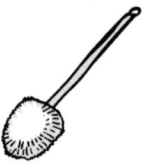

uburoso bwo mu bwiherero

馬桶刷

uburoso bw'amenyo

牙刷

korogati

牙膏

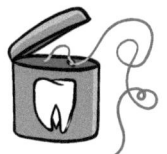

akagozi ko kwihaganyuza amenyo

牙線

gukaraba

洗

akamishagira amazi ku mubiri bafata mu ntoki

手持式蓮蓬頭

ubwogero bw'amazi yisuka

沖洗器

vabo bakarabiramo intoki

洗臉盆

uburoso bwo kwitsiritisha mu mugongo

洗背刷

isabune

肥皂

sabune yo mu bwogero

沐浴露

isabune yo kumeshesha umusatsi

洗髮乳

icyangwe cyo kwiyuhagiza

法蘭絨

kuyobora amazi yanduye

排水

ikimuri

乳霜

umubavu

除臭劑

ikirori cyo mu ntoki

鏡子

ikirori cyo mu ntoki

手鏡

urwembe

刮鬍刀

ifuro ryo kurinda imiburu

刮鬍泡沫

umuti ukingira imiburu

鬍後水

igisokozo

梳子

uburoso

刷子

imashini yumisha umusatsi

吹風機

amarashi y'umusatsi

噴髮定型劑

igishahuro cyo kwitera

化妝品

rujalevure

唇膏

verini y'inzara

指甲油

ipamba

化妝棉

agasena inzara

指甲剪

umubavu

香水

agafuka k'ibikoresho byo
mu bwogero

洗漱包

intebe

凳子

umunzani

計重秤

ikanzu yo kujyana mu
bwogero

浴袍

udupfukantoki two
gusukuza

橡膠手套

urubindo

衛生棉條

udupapuro two
wihanaguza mu bwiherero

衛生棉

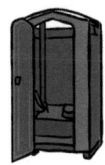

ubwiherero bwimukanwa

化學廁所

icyumba cy'abana
兒童房

inzogera y'isaha ikangura
鬧鐘
igipupe gikoze mu myenda
毛絨玩具
udukinisho tw'imodoka
玩具車
ikinyuguri
撥浪鼓
inzu y'ibipupe
玩具屋
impano
禮物

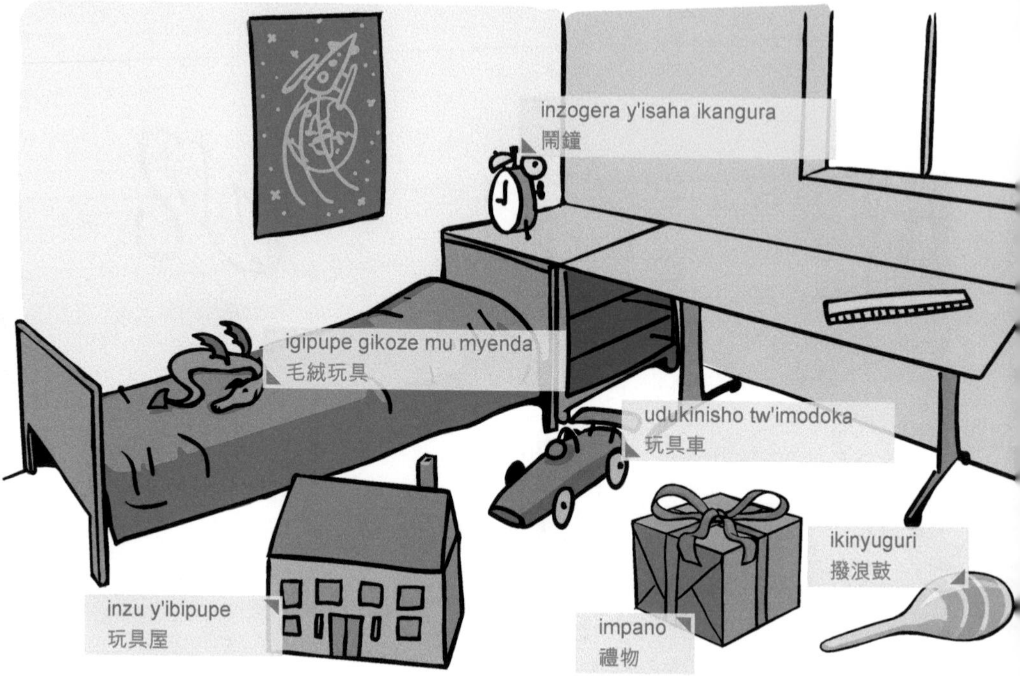

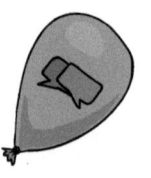

ballon
氣球

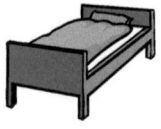

igitanda
床

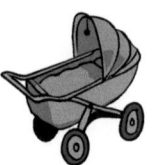

agapusipusi
嬰兒車

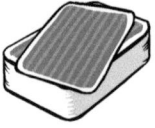

amakarita
撲克牌

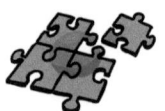

kubaka ishusho bacagaguye
拼圖

inkuru isetsa
漫畫

jucomekanya udutafari

樂高積木

udutafari tw'udukinisho

積木玩具

igikinisho

公仔

ipinjama y'uruhinja

嬰兒服

gutera indege

飛盤

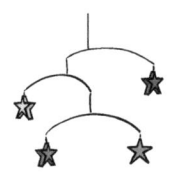

terefoni ngendanwa

床鈴玩具

imikino yo kuganiriraho

棋盤遊戲

igisoro

骰子

gariyamoshi y'igikinisho

火車模型

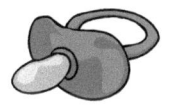

ikinyonyo

安撫奶嘴

umunsi mukuru

派對

arubumu

繪本

umupira

球

agapupe

洋娃娃

gukina

玩

igikarito cy'umucanga

沙坑

urwicundo

鞦韆

ibikinisho

玩具

agasanduku k'imikino yo
kuri videwo

電玩遊戲

akagare k'imipine itatu

三輪車

igipupe k'ibyoya

泰迪熊

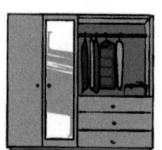

akabati k'imyenda

衣櫃

imyambaro

衣服

amasogisi

襪子

amasogisi afatanye n'ikariso

長襪

kora

緊身褲

akitero
圍巾

umutaka
雨伞

umukandara
皮帶

agapira ko hejuru
T恤

bote
靴子

inkweto zo kubyukana
拖鞋

superese
運動鞋

isandari
涼鞋

inkweto
鞋

bote za kawucu
雨靴

imyenda y'imbere
內褲

isutiye
胸罩

isengeri
背心

body

身體

ipantalo

褲子

ikoboyi

牛仔褲

ijipo

短裙

ishati y'abagore

女式襯衫

ishati

襯衫

umupira w'imbeho

套頭衫

umupira w'ingofero

連帽上衣

agakoti

西裝夾克

ijaketi

夾克

ikoti

外套

ikoti ry'imvura

雨衣

umwambaro w'ibikino

套裝

ikanzu

連衣裙

ikanzu y'abageni

婚紗

kostitimu

西裝

ikanzu yo kurarana

睡袍

ipinjama

睡衣

nukenyero w'abahindikazi

莎麗

igitambaro cyo mu mutwe

頭巾

urugori

包頭巾

umwitandiro uhisha isura

波卡

ikanzu ndende

卡夫坦

igishura

(阿拉伯式)長袍

imyenda yo
kwidumbaguzanya

泳衣

ikariso yo
kwidumbaguzanya

男式泳褲

ikabutura

短褲

tereningi

運動服

itaburiya

圍裙

udupfukantokı

手套

igipesu

鈕扣

amadarubindi

眼鏡

igikomo

手鏈

umukufi

項鍊

impeta

戒指

iherena

耳環

ingofero

便帽

porutemanto

衣架

ingofero

帽子

karuvati

領帶

imashini yo ku mwenda

拉鍊

kasike

安全帽

amaburuteri

背帶

umwambaro w'ishuri

校服

impuzankano

制服

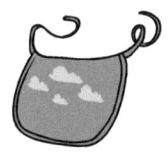

agakingirankonda

圍兜

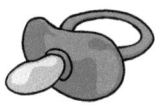

ikinyonyo

安撫奶嘴

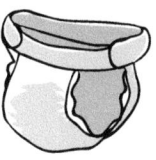

amaranje

尿布

ibiro
辦公室

seriveri
伺服器
akabati k'impapuro
檔案櫃
empirimante
印表機
urupapuro
紙
ekara
螢幕
suri
滑鼠
ameza yo kwandikiraho
辦公桌
karaseri
資料夾
karaviye
鍵盤
pubere
廢紙簍
mudasobwa
電腦
intebe
椅子

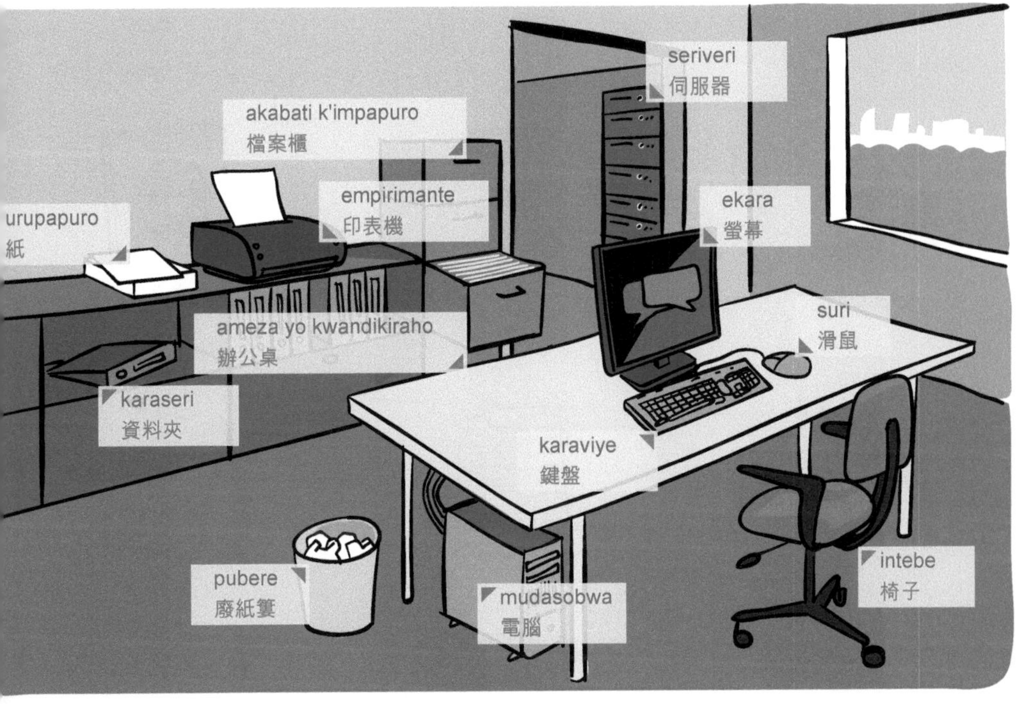

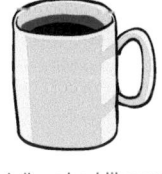

igikombe k'ikawa

咖啡杯

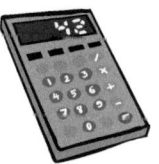

akabarisho

計算機

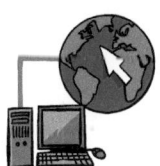

enterineti

網際網路

laputopu

筆記型電腦

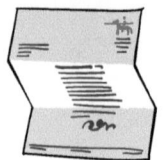

ibaruwa

信件

ubutumwa

簡訊

ngendanwa

行動電話

netiwake

網路

fotokopiyeze

影印機

porogaramu

軟體

telefoni

電話

purize

插座

imashini yohereza fagisi

傳真機

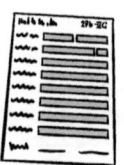

fomu

表格

inyandiko

檔案

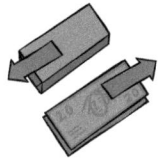

kugura

買

kwishyura

付錢

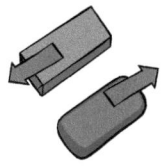

gucuruza

交易

amafaranga

現金

idorari

美元

iyero

歐元

iyeni

日元

irubure

盧布

ifaranga ry'irisuwisi

瑞士法郎

iriyuwani

人民幣

irupi

盧比

icyuma cya banki
babikurizaho

提款處

ku muvunjayi

外幣兌換處

zahabu

金

feza

銀

peteroli

石油

ingufu z'amashanyarazi

能源

igiciro

價格

kontaro

合約

tagisi

稅金

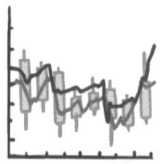

isoko ryo kugura no
kugurisha

股票

gukora

工作

umukozi

職員

umukoresha

老闆

uruganda

工廠

iduka

商店

imirimo
職業

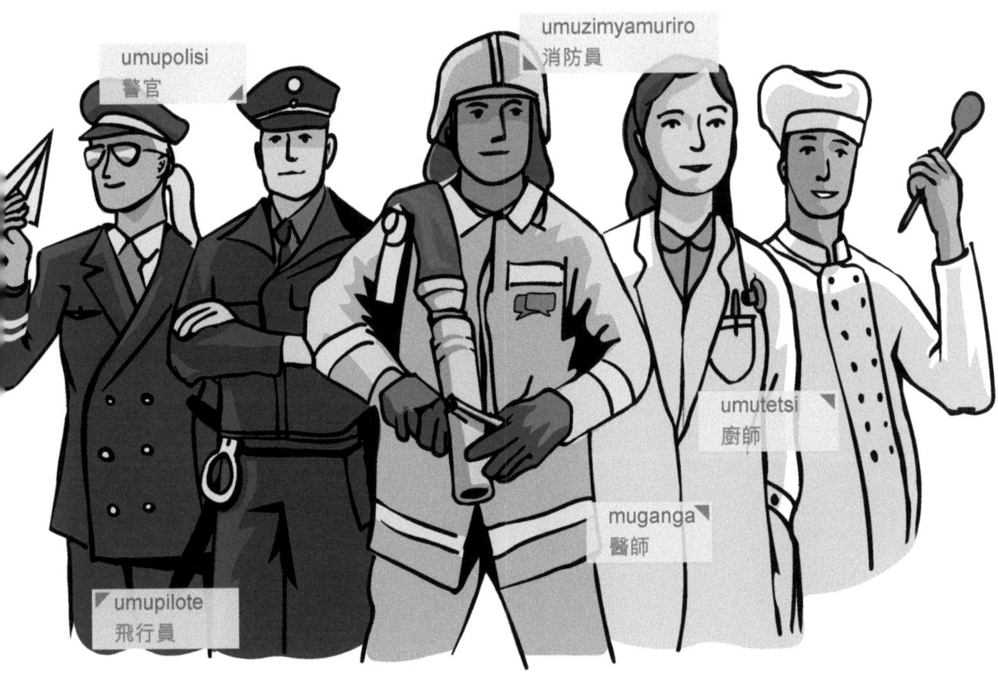
umupolisi
警官
umuzimyamuriro
消防員
umutetsi
廚師
muganga
醫師
umupilote
飛行員

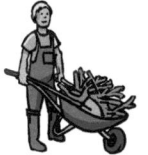

umujaridiniye

園丁

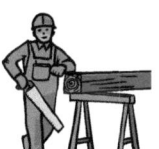

umubaji

木匠

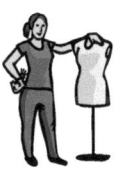

umudozi

裁縫

umucamanza

法官

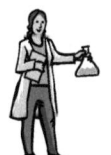

umunyabutabire

化學家

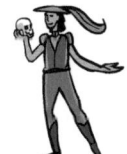

umukinnyi wa filimi

演員

umushoferi wa bisi

公車司機

umushoferi wa tagisi

計程車司機

umurobyi

漁夫

umugore ushinzwe gukora isuku

清洗女工

umufundi usakara

屋頂工

umuseriveri

服務生

umuhigi

獵人

umuntu usiga irangi

畫家

Umuntu ukora imigati

麵包師

Umuntu ukora mu mashanyarazi

電工

umufundi

建築工人

injenyeri

工程師

umubazi

屠夫

umutnu ukora mu mazi

水管工

umuparanto

郵差

umusirikare

士兵

umwubatsi

建築師

umubitsi

收銀員

huntu ukora mu by'indabo

花農

kimyozi

理髮師

komvuwayeri

售票員

umukanishi

機械技師

kapiteni

船長

muganga w'amenyo

牙醫

umuhanga muri siyansi

科學家

rabi

拉比

imamu

伊瑪目

umumwane

和尚

umuyobozi w'idini

牧師

ibikoresho

工具

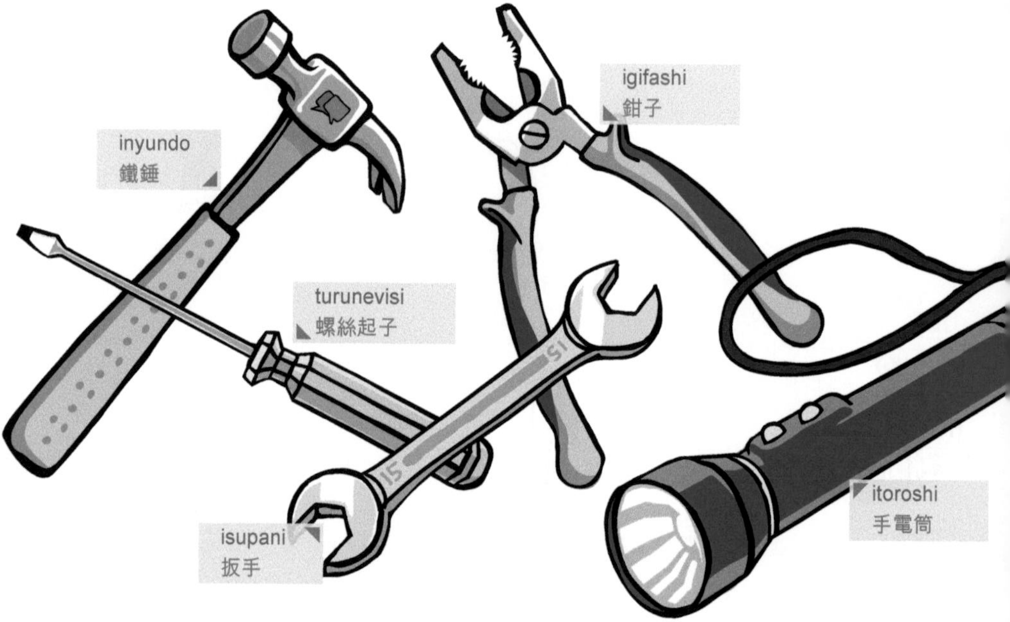

inyundo
鐵錘
igifashi
鉗子
turunevisi
螺絲起子
isupani
扳手
itoroshi
手電筒

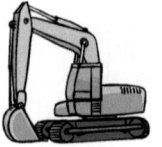

ipiki

挖掘機

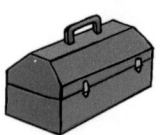

isanduku y'ibikoresho

工具箱

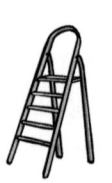

urwego

梯子

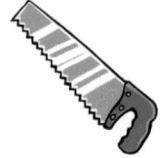

urukero

鋸子

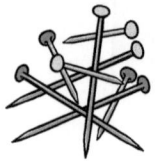

imisumari

釘子

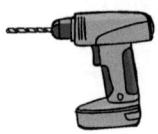

itindo

鑽機

gusana

修

igitiyo

鏟子

wo gacwa we

糟糕！

igitiyo

畚箕

igikombe k'irangi

油漆桶

amavisi

螺絲

ibyuma by'umuziki

樂器

umuzindaro
揚聲器

ingoma z'ikizungu
打擊樂器

gitari
吉他

gitari y'ijwi ryo hasi
低音提琴

urumbeti
小號

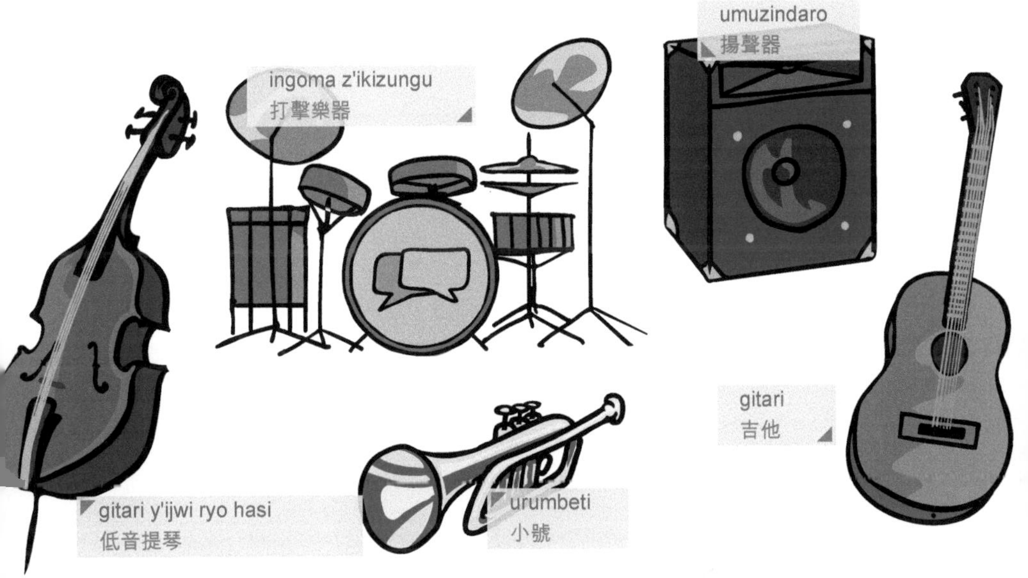

piyano

鋼琴

iningiri

小提琴

gitari idunda

貝斯

sembare

定音鼓

ingoma

鼓

inanga ya kizungu

電子琴

sagisofone

薩克斯風

umwirongi

長笛

indanguruamajwi

麥克風

umuryango
入口

igitaragwe
老虎

ikibuti
籠子

imparage
斑馬

ibiryo by'amatungo
動物飼料

panda
熊貓

inyamaswa

動物

inzovu

大象

kanguru

袋鼠

inkura

犀牛

ingagi

大猩猩

idubu

熊

ingamiya

駱駝

imbuni

鴕鳥

intare

獅子

inguge

猴子

uruyongoyongo

紅鶴

gasuku

鸚鵡

idubu yo mu bukonie

北極熊

inyoni yo ku mazi

企鵝

igifi kinini

鯊魚

inyoni y'amasunzu

孔雀

inzoka

蛇

ingona

鱷魚

umurinzi

動物園管理員

umuhuri

海豹

ingwe

美洲豹

zoo - 動物園

icyana k'ifarasi

矮種馬

ingwe

豹

imvubu

河馬

umusumbarembo

長頸鹿

inkona

老鷹

isatura

野豬

ifi

魚

akanyamasyo

龜

igifi k'imikaka

海象

umuhari

狐狸

isha

羚羊

Imikino

體育

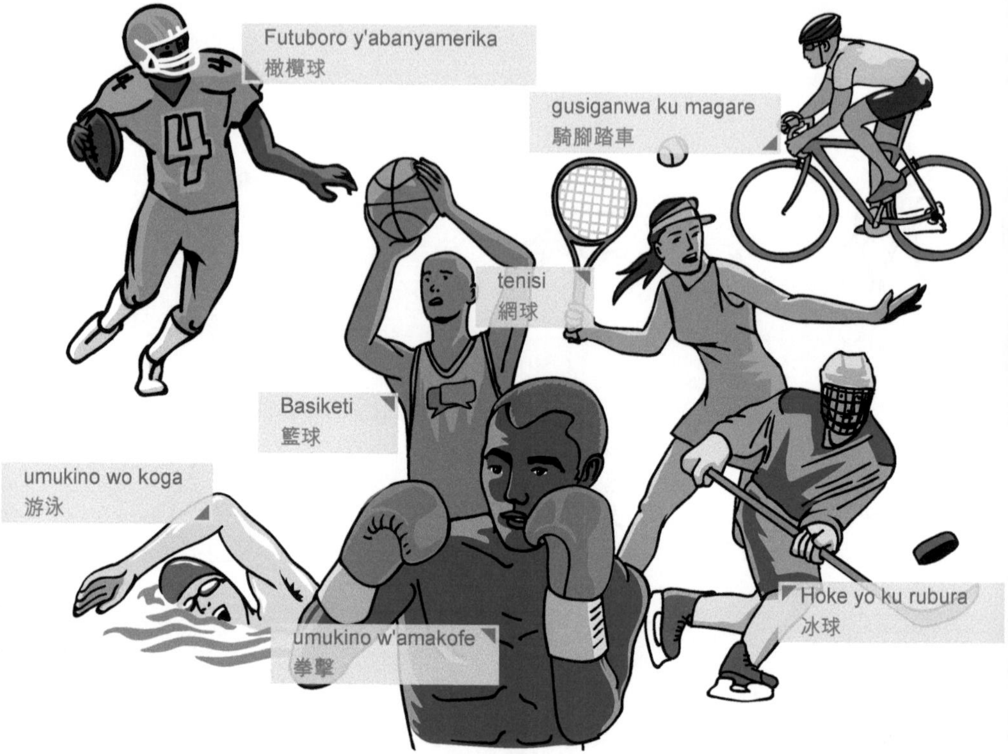

Futuboro y'abanyamerika
橄欖球
gusiganwa ku magare
騎腳踏車
tenisi
網球
Basiketi
籃球
umukino wo koga
游泳
Hoke yo ku rubura
冰球
umukino w'amakofe
拳擊

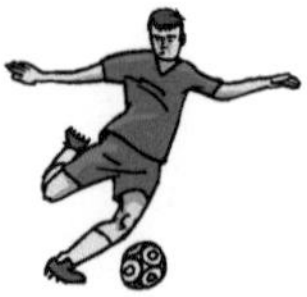

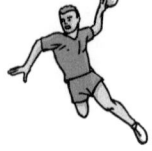

umupira w'amaguru

美式足球

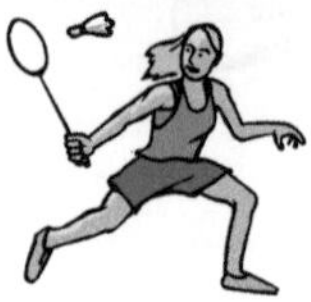

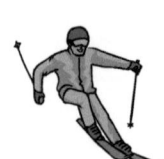

umukino wa badminton

羽毛球

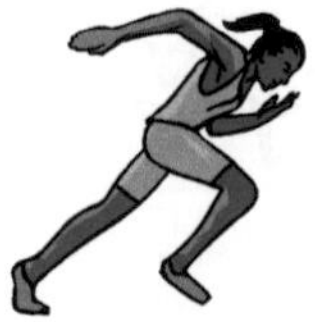

abakina imikino ngororamubiri

田徑

handibolo

手球

guserereka kuri neje

滑雪

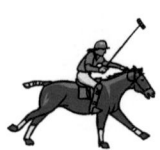

polo

馬球

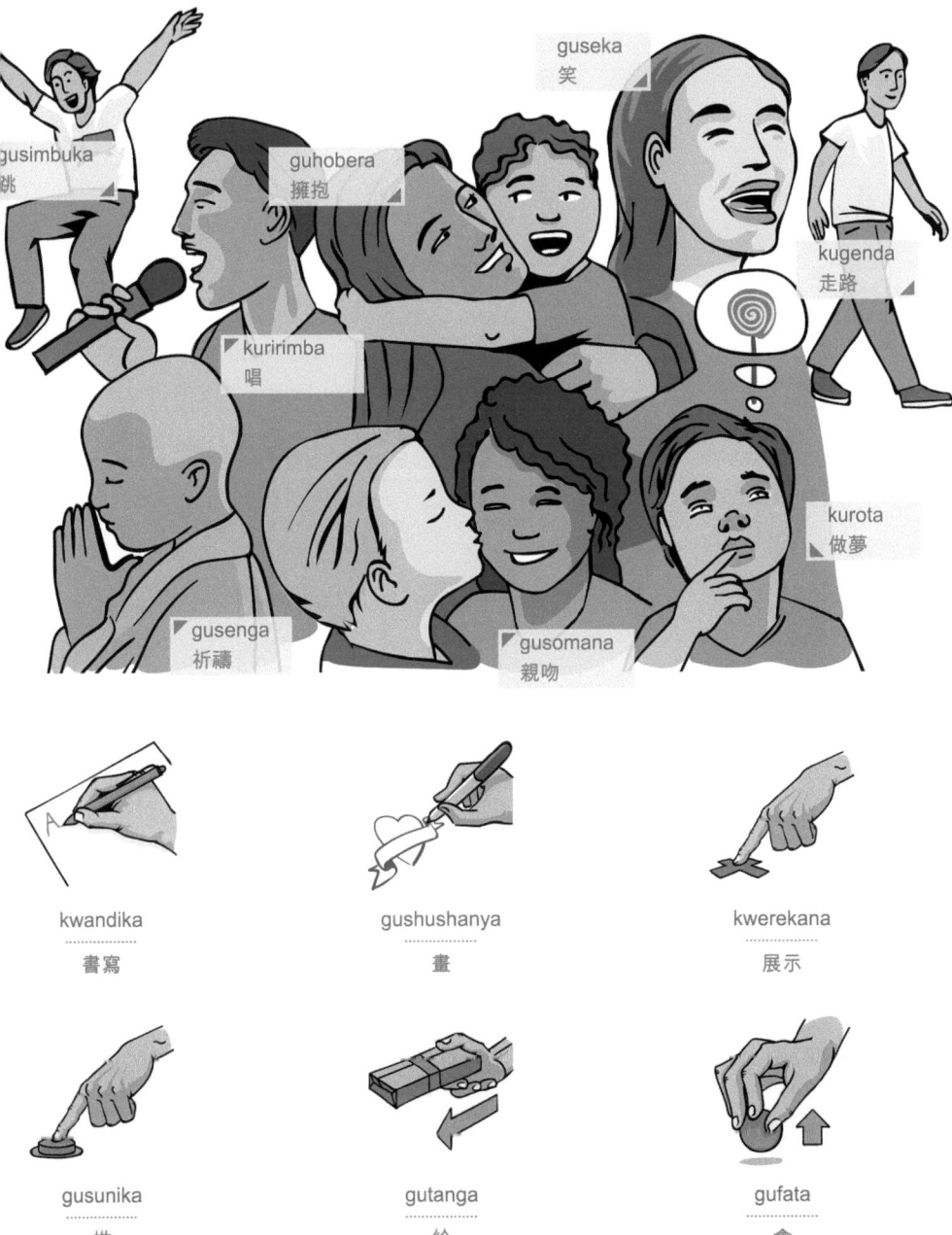

jusimbuka
跳

guseka
笑

guhobera
擁抱

kugenda
走路

kuririmba
唱

kurota
做夢

gusenga
祈禱

gusomana
親吻

kwandika

書寫

gushushanya

畫

kwerekana

展示

gusunika

推

gutanga

給

gufata

拿

kugira

有

gukora

做

kuba

當

guhaguruka

站

kwiruka

跑

gukurura

拉

kujugunya

丟

kugwa

摔倒

kuryama

躺

gutegereza

等待

kwikorera

攜帶

kwicara

坐

kwambara

穿衣

gusinzira

睡覺

gukanguka

醒來

kureba

看

kurira

哭

kwagaza

擊

gusokoza

梳頭

kuvuga

交談

gusobanukirwa

明白

kubaza

問

kumva

聽

kunywa

喝

kurya

吃

gushyira ku murongo

清理

gukunda

愛

guteka

做飯

gutwara imodoka

開車

kuguruka

飛

kugashya

航行

kubara

計算

gusoma

讀

kwiga

學習

gukora

工作

kurongora

結婚

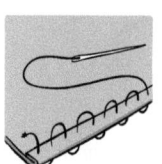

kudoda

縫

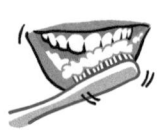

uburoso bw'amenyo

刷牙

kwica

殺

kunywa itabi

抽菸

kohereza

寄

umuryango
家

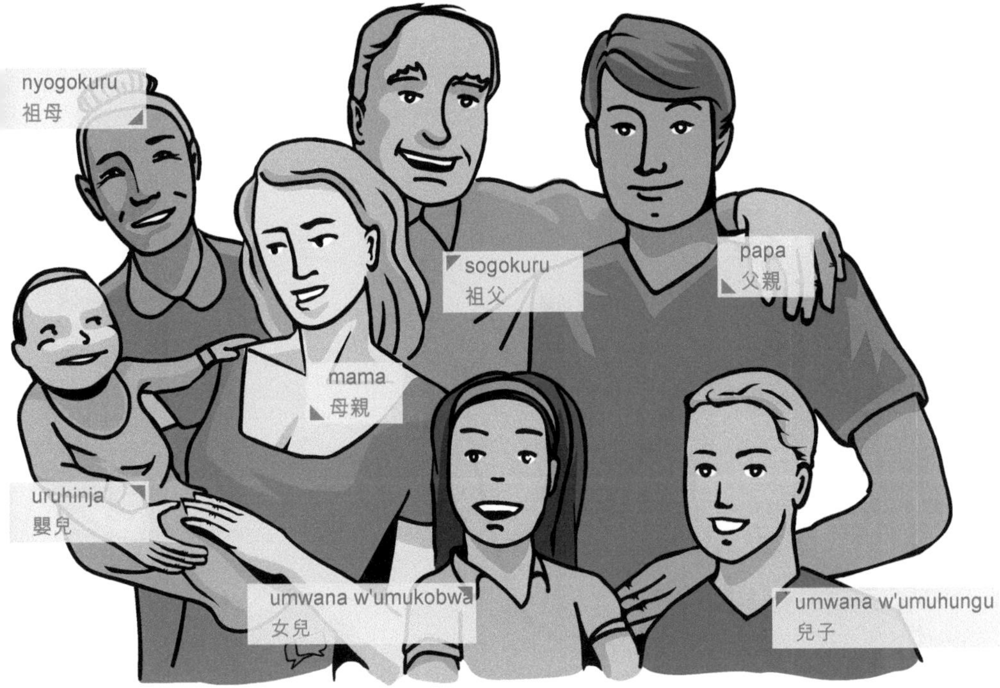
nyogokuru
祖母
sogokuru
祖父
papa
父親
mama
母親
uruhinja
嬰兒
umwana w'umukobwa
女兒
umwana w'umuhungu
兒子

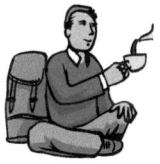

umushyitsi

客人

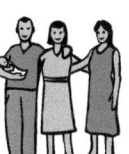

masenge

阿姨

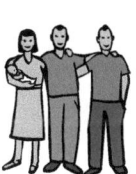

marume

叔叔

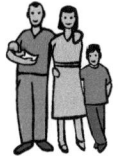

musaza wange

兄弟

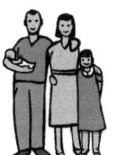

mushiki wange

姐妹

umubiri

身體

agahanga k'imbere
前額
ijisho
眼睛
urutugu
肩膀
urutoki
手指
isura
臉
akananwa
下巴
ikiganza
手
ibere
乳房
ukuguru
腿
ukuboko
手臂

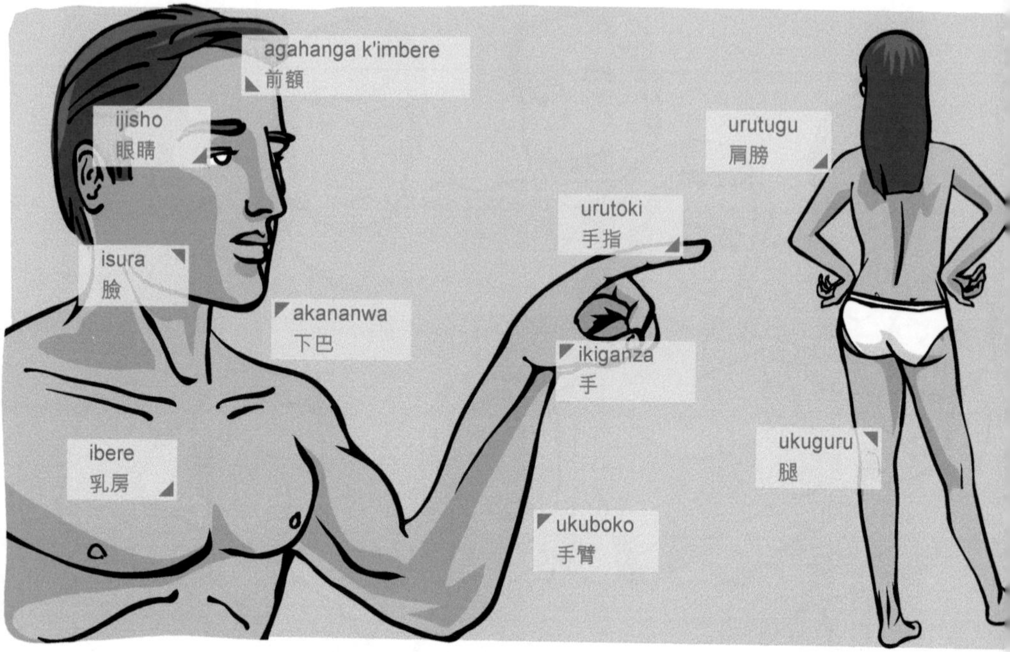

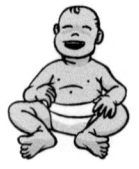

uruhinja
嬰兒

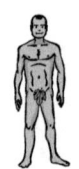

umugabo
男人

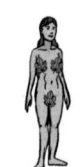

umugore
女人

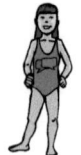

umukobwa
女孩

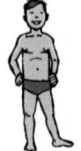

umuhungu
男孩

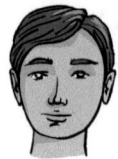

umutwe
頭

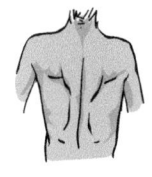

umugongo

背部

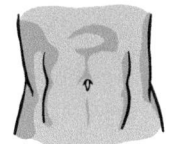

inda

肚子

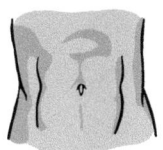

umukondo

肚臍

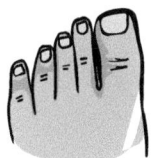

ino

腳趾

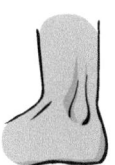

agatsinsino

腳後跟

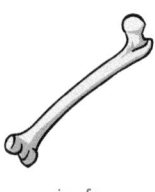

igufa

骨頭

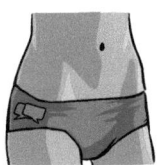

amayunguyungu

臀部

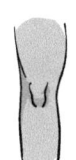

ivi

膝蓋

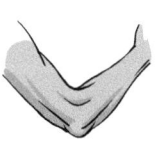

inkokora

手肘

izuru

鼻子

ikibuno

屁股

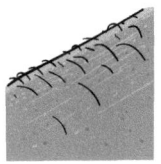

uruhu

皮膚

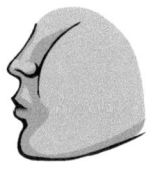

itama

臉頰

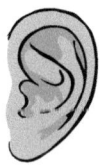

ugulwi

耳朵

umunwa

嘴唇

mu munwa

嘴

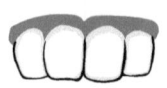

iryinyo

牙齒

ururimi

舌頭

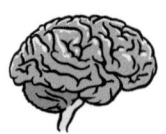

ubwonko

腦

umutima

心臟

umutsi

肌肉

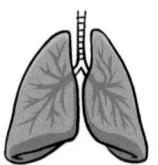

ibihaha

肺

umwijima

肝臟

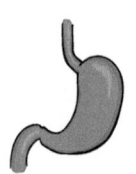

igifu

胃

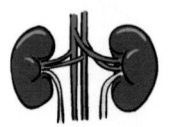

impyiko

腎臟

igitsina

性交

agakingirizo

保險套

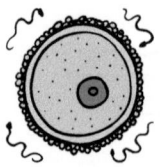

intanga

卵子

amasohoro

精子

gusama inda

懷孕

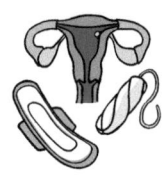

imihango

月事

igituba

陰道

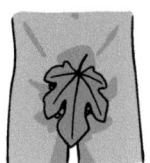

imboro

陰莖

ibitsike

眉毛

umusatsi

頭髮

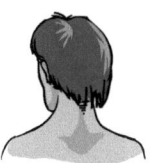

ijosi

脖子

ibitaro
醫院

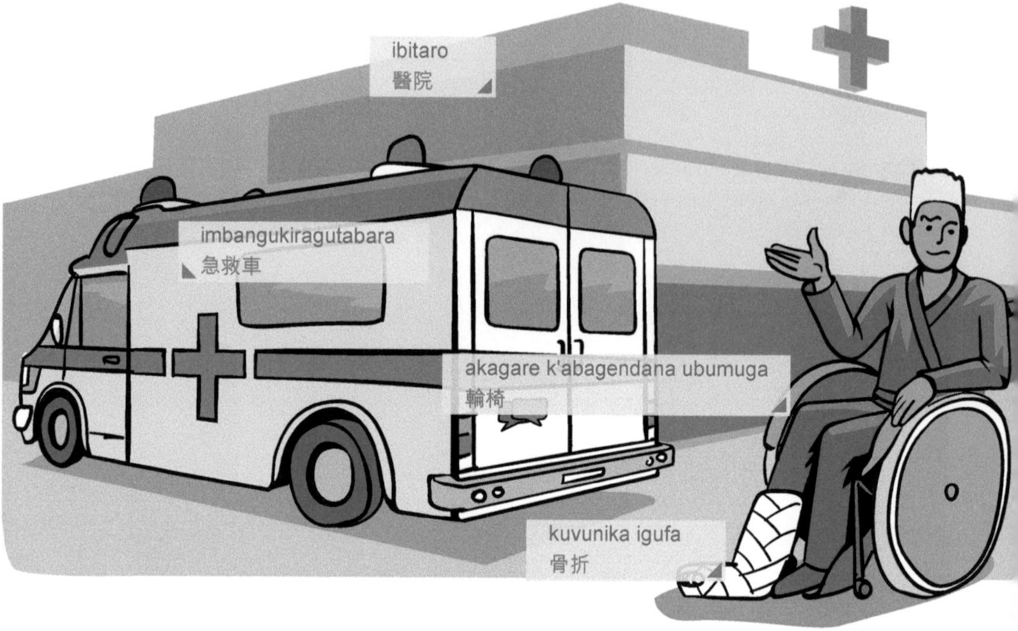

ibitaro
醫院
imbangukiragutabara
急救車
akagare k'abagendana ubumuga
輪椅
kuvunika igufa
骨折

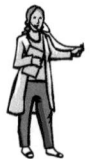

muganga
醫師

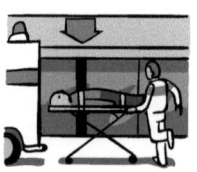

icyumba k'indembe
急診室

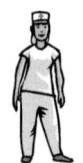

umuforomo kazi
護理師

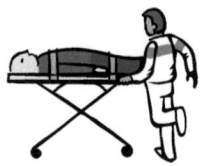

mu ndembe
緊急情形

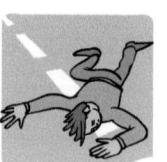

guta ubwenge
昏迷

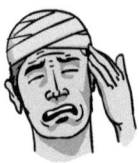

ububabare
痛

igikomere

受傷

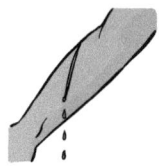

kuva amaraso

出血

gufatwa n'umutima

心臟病發作

kuziba k'udutsi two mu bwonko

中風

kwivumbura k'umubiri

過敏

inkorora

咳嗽

umuriro

發燒

ibicurane

流感

impiswi

腹瀉

kurwara umutwe

頭痛

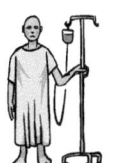

kanseri

癌症

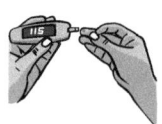

diyabete

糖尿病

muganga ubaga

外科醫師

icyuma kibaga umurwayi

手術刀

kubagwa

手術

ifoto yo mu cyuma

電腦斷層掃描

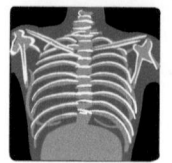

radiyo

X光

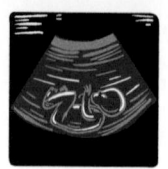

isuzuma rikoresha amajwi

超音波

agapfukamunwa

口罩

indwara

疾病

icyumba bategererezamo

候診室

imbago yo kwicumba

拐杖

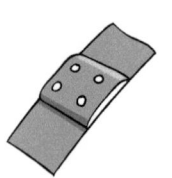

pasema

石膏

igipfuko

繃帶

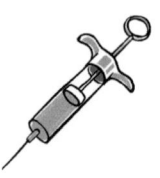

urushinge

注射

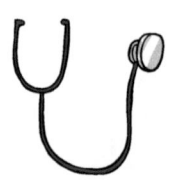

igipimo cy'umutima

聽診器

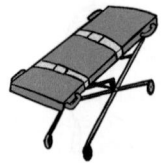

burankari

擔架

igipimo cy'umuriro

體溫計

ivuka

出生

umubyibuho ukabije

超重

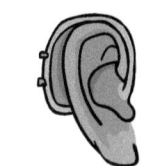

unganirangingo y'amatwi

助聽器

umuti wica mikorobe

消毒液

ubwandu

感染

virusi

病毒

Virusi itera sida / Sida

愛滋病

ubuganga

藥物

gukingira

接種疫苗

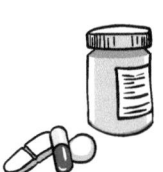

ibinini

藥片

ikinini

藥丸

guhamagara byihutirwa

急救電話

igenzura ry'umuvuduko
w'amaraso

血壓計

urwaye / ufite amagara
meza

生病/健康

Ntabara!

救命！

inzogera itabaza

警報

gusagarira

突擊

igitero

攻擊

icyateza amakuba

危險

umuryango unyuramo ukiza
amagara

緊急出口

Inkongi!

失火了！

ikizimyamuriro

滅火器

impanuka

意外

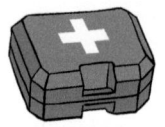

ibikoresho by'ubutabazi
bw'ibanze

急救箱

induru itabaza

呼救訊號

polisi

員警

Uburayi

歐洲

Amerika y'Amajyaruguru

北美洲

Amerika y'Amagepfo

南美洲

Afurika

非洲

Aziya

亞洲

Ositarariya

澳洲

Atalantika

大西洋

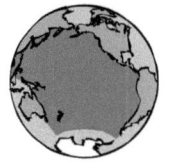

Oasifika

太平洋

Inyanja y'Abahinde

印度洋

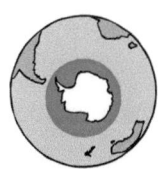

Inyanja y'Antagitika

南冰洋

Inyanja y'Arigitika

北冰洋

Amajyaruguru y'Isi

北極

Amagepfo y'Isi

南極

Antaragitika

南極洲

Isi

地球

ubutaka

陸地

ikiyaga

海

ikirwa

島

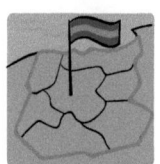

igihugu

國家

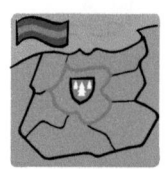

leta

州

kadere y'isaha

錶盤

urushinge rw'amasaha

時針

urushinge rw'iminota

分針

ushinge rw'amasegonda

秒針

ni isaha ki?

現在幾點？

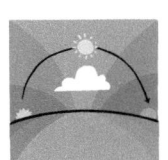

umunsi

天

igihe

時間

nonaha

現在

isaha y'imibare

電子錶

iminota

分

amasaha

時

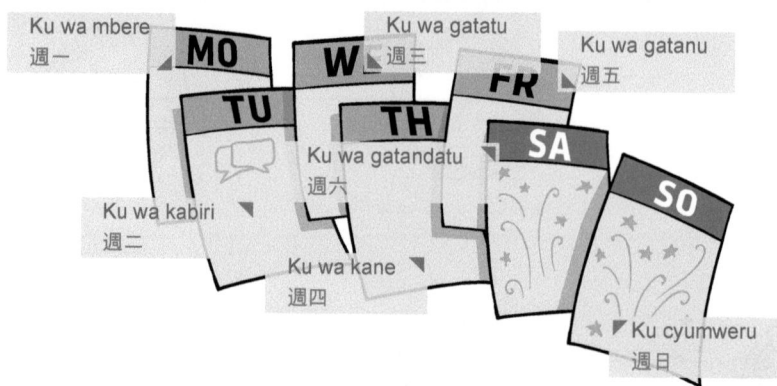

Ku wa mbere
週一

Ku wa gatatu
週三

Ku wa gatanu
週五

Ku wa kabiri
週二

Ku wa gatandatu
週六

Ku wa kane
週四

Ku cyumweru
週日

ejo hashize

昨天

今天

ejo hazaza

明天

igitondo

早晨

saa sita

中午

ku mugoroba

晚上

MO	TU	WE	TH	FR	SA	SU
	1	2	3	4	5	6	7
8	9	10	11	12	13	14
15	16	17	18	19	20	21
22	23	24	25	26	27	28
29	30	31	1	2	3	4

iminsi y'akazi

工作日

MO	TU	WE	TH	FR	SA	SU
1	2	3	4	5	6	7
8	9	10	11	12	13	14
15	16	17	18	19	20	21
22	23	24	25	26	27	28
29	30	31	1	2	3	4

wikendi

週末

umwaka
年

imvura
雨
umukororombya
彩虹
neje
雪
umuyaga
風
urugaryi
春
umuhindo
秋
iki
夏
igihe cy'ubukonje
冬

4.APRIL 11°
5.APRIL 4°
6.APRIL 13°
7.APRIL 8°
8.APRIL 10°

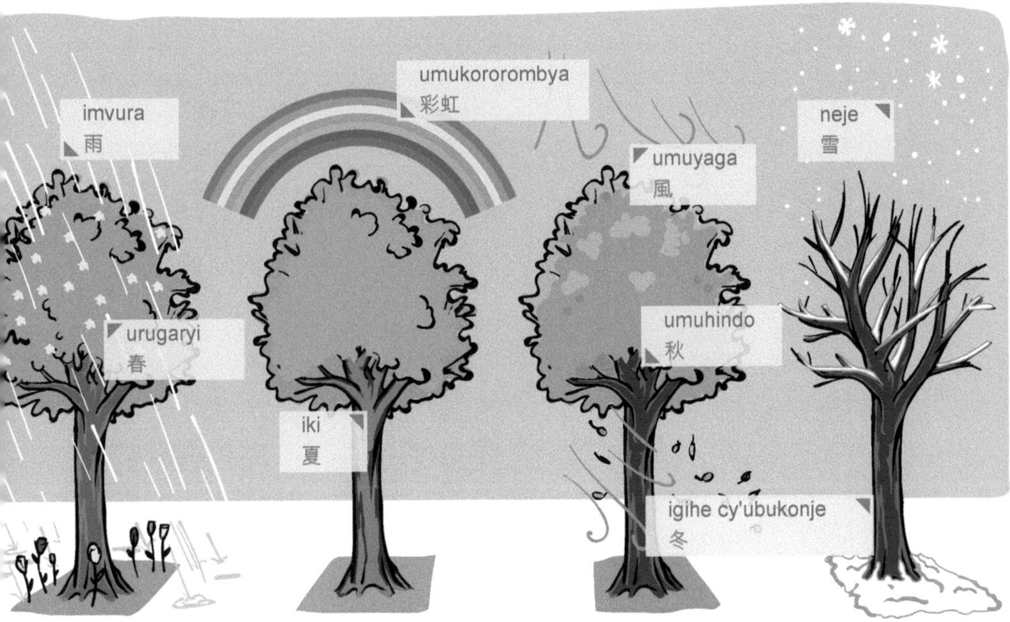

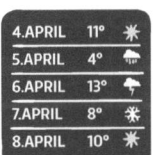

iteganyagihe

天氣預告

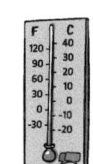

igipimo cy'ubushyuhe

溫度計

izuba rirashe

陽光

ibicu

雲

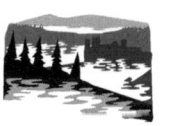

ibihu

霧

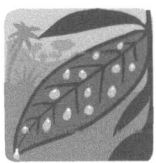

ububobere

潮濕

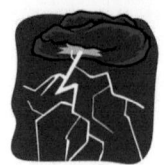

umurabyo

閃電

inkuba

打雷

umuhengeri

風暴

urubura

冰雹

imiyaga ihuha iturutse mu nyanja

季風

umwuzure

洪水

barafu

冰

Mutarama

一月

Gshyantare

二月

Werurwe

三月

Mata

四月

Gicurasi

五月

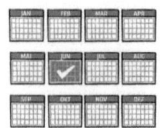

Kamena

六月

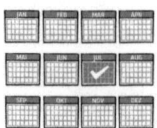

Nyakanga

七月

Kanama

八月

Nzeri
九月

Ukwakira
十月

Ugushyingo
十一月

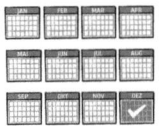

Ukuboza
十二月

amaforoma
形狀

uruziga
圓形

mpandenye
正方形

urukiramende
長方形

mpandeshatu
三角形

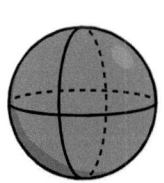

umubumbe
球體

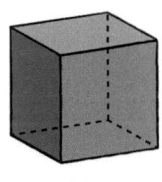

kibe
立方體

umweru

白

umuhondo

黄

oranje

橙

iroza

粉

umutuku

紅

isine

紫

ubururu

藍

icyatsi kibisi

緑

igihogo

棕

ikigina

灰

umukara

黒

byinshi / bike

很多/少許

urakaye / utuje

生氣/平靜

mwiza / mubi

美/醜

intangiriro / impera

首/尾

kinini / gito

大/小

gikeye / kijimye

明/暗

musaza / mushiki

兄弟/姐妹

gisukuye / cyanduye

乾淨/骯髒

kirangiye / kitarangiye

完整/缺失

umunsi / ijoro

白天/晚上

wapfuye / muzima

死/生

hagari / hafunganye

寬/窄

kiribwa / kitaribwa

可食用/非食用

umugome / ugwa neza

邪惡/善良

ushishikaye / warambiwe

興奮/無聊

ubyibushye / unanutse

胖/瘦

mbere / nyuma

第一/最後

inshuti / umwanzi

朋友/敵人

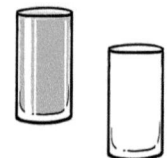

cyuzuye / kirimo ubusa

滿/空

gikomeye / cyoroshye

硬/軟

kiremeye / kitaremereye

重/輕

inzara / inyota

餓/渴

urwaye / ufite amagara meza

生病/健康

kemewe n'amategeko / kibujijwe n'amategeko

非法/合法

umunyabwenge / igicucu

聰明/愚笨

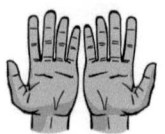

iburyo / ibumoso

左/右

hafi / kure

近/遠

gishya / cyakoze

新/舊

nta kintu gihari / hari ikintu gihari

沒有/有些

ushaje / muto

老/幼

atsa / zimya

開/關

gifunguye / gifunze

打開/闔上

ucecetse / usakuza

安靜/吵鬧

ukize / ukennye

富/窮

ni byo / si byo

對/錯

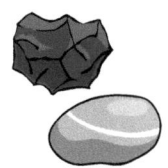

hahanda / hahehereye

粗糙/光滑

urakaye / wishimye

傷心/高興

mugufi / muremure

短/長

urandaga / wihuta

慢/快

utose / wumye

濕/乾

ashyushye / ahoze

溫暖/涼爽

intambara / amahoro

戰爭/和平

0

zeru

零

1

rimwe

一

2

kabiri

二

3

gatatu

三

4

kane

四

5

gatanu

五

6

gatandatu

六

7

karindwi

七

8

umunani

八

9

icyenda

九

10

icumi

十

11

cumi na rimwe

十一

12
cumi na kabiri
十二

13
cumi na gatatu
十三

14
cumi na kane
十四

15
cumi na gatanu
十五

16
cumi na gatandatu
十六

17
cumi na karindwi
十七

18
cumi n'umunani
十八

19
cumi n'icyenda
十九

20
makumyabiri
二十

100
ijana
百

1.000
igihumbi
千

1.000.000
miliyoni
百萬

imibare - 數字

Icyongereza

英語

Icyongereza
cy'Abanyamerika

美式英語

Igishinwa k'ikimandarini

普通話

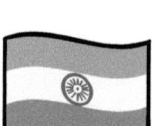

Igihindi

印地語

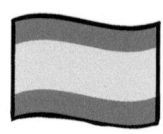

Ikesipanyoro

西班牙語

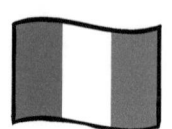

Igifaransa

法語

Icyarabu

阿拉伯語

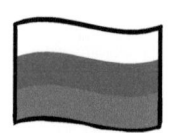

Ikirusiya

俄語

Igiporutigari

葡萄牙語

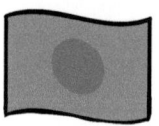

Ikibengari

孟加拉語

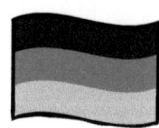

Ikidage

德語

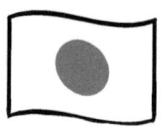

Ikiyapani

日語

ge

我

wowe

你

we / we / we

他/她/它

twe

我們

mwe

你們

bo

他們

nde?

誰？

iki?

什麼？

gute?

如何？

hehe?

何處？

ryari?

何時？

izina

名字

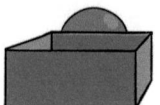

inyuma

後面

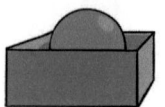

mo imbere

裡面

imbere ya

前面

hejuru ya

上方

kuri

上面

munsi ya

下麵

iruhande

旁邊

hagati

中間

ahantu

地點